Impressum
Verlag: BABADADA GmbH, Nedderfeld 112 , 22529 Hamburg
Geschäftsführer / Verlagsleitung: Harald Hof
Druck: Books on Demand GmbH, In de Tarpen 42, 22848 Norderstedt

Imprint
Publisher: BABADADA GmbH, Nedderfeld 112 , 22529 Hamburg, Germany
Managing Director / Publishing direction: Harald Hof
Print: Books on Demand GmbH, In de Tarpen 42, 22848 Norderstedt

escuela

school

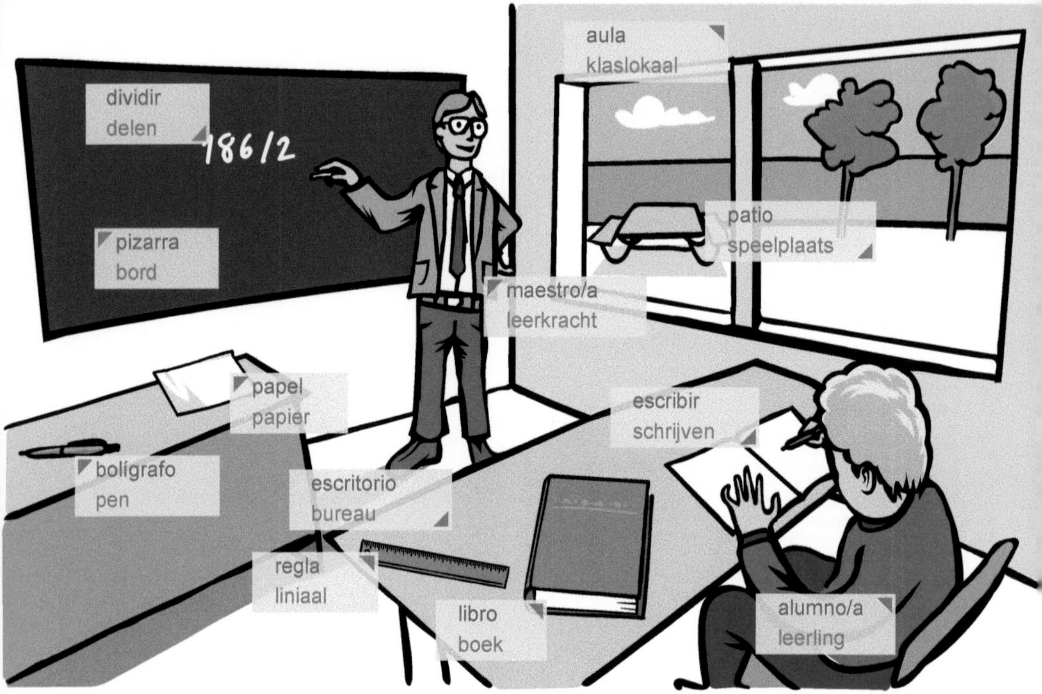

aula
klaslokaal
dividir
delen
186/2
patio
speelplaats
pizarra
bord
maestro/a
leerkracht
papel
papier
escribir
schrijven
bolígrafo
pen
escritorio
bureau
regla
liniaal
libro
boek
alumno/a
leerling

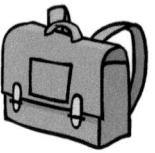

cartera

schooltas

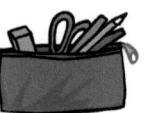

caja de lápices

pennenzak

lápiz

potlood

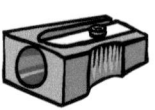

sacapuntas

puntenslijper

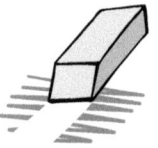

goma de borrar

gom

cuaderno de dibujo

tekenblok

dibujo
tekening

pincel
verfborstel

caja de pinturas
verfdoos

tijeras
schaar

pegamento
lijm

cuaderno de ejercicios
werkboek

deberes
huiswerk

12

número
nummer

2+2

sumar
optellen

5-2

restar
aftrekken

2×2

multiplicar
vermenigvuldigen

calcular
rekenen

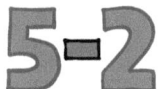

letra
letter

ABCDEFG
HIJKLMN
OPQRSTU
VWXYZ

alfabeto
alfabet

palabra
woord

texto

tekst

leer

Lezen

tiza

krijt

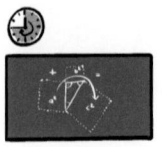

lección

les

cuaderno de notas

klassenboek

examen

examen

certificado

certificaat

uniforme escolar

schooluniform

educación

onderwijs

enciclopedia

encyclopedie

universidad

universiteit

microscopio

microscoop

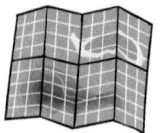

mapa

kaart

papelera

papiermand

hotel
hotel

albergue
jeugdherberg

ROOMS

oficina de cambio de divisas
wisselkantoor

EXCHANGE

maleta
koffer

coche
auto

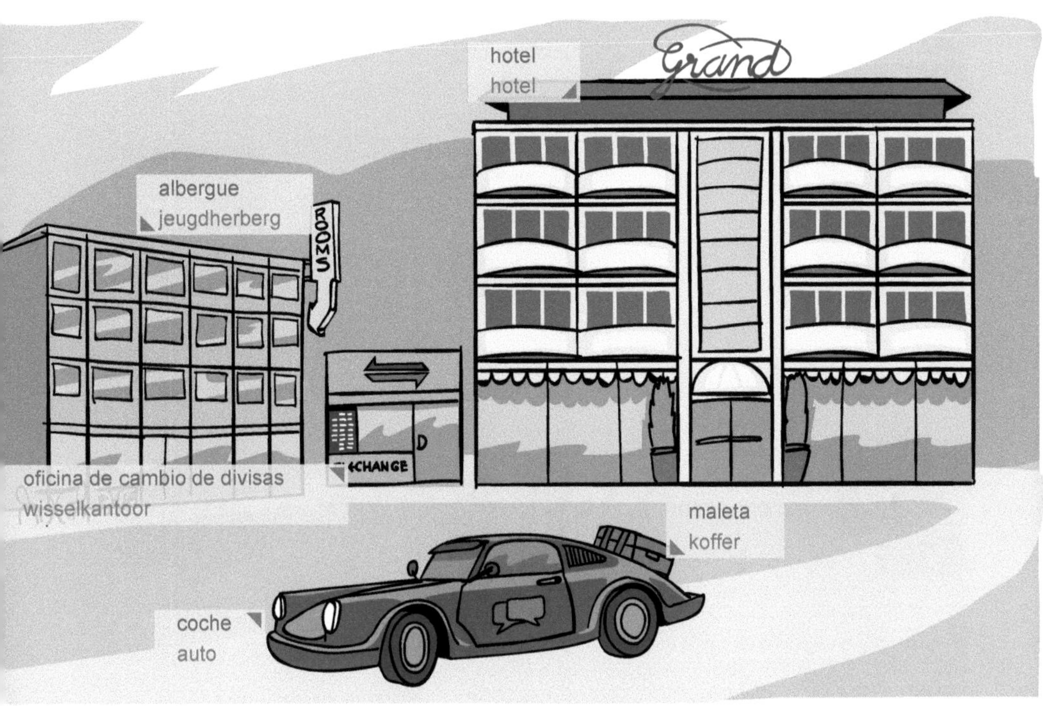

idioma
Taal

sí / no
ja / nee

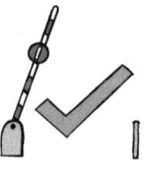

Vale
oké

hola
hallo

traductor
vertaler

Gracias
bedankt

¿cuánto es...?

Hoeveel kost ...?

No entiendo

Ik begrijp het niet

problema

probleem

¡Buenas tardes!

Goedenavond!

¡Buenos días!

Goedemorgen!

¡Buenas noches!

Goedenavond!

adiós

Tot ziens

dirección

richting

equipaje

bagage

bolsa

zak

mochila

rugzak

invitado

gast

habitación

kamer

saco de dormir

slaapzak

tienda de campaña

tent

información turística

toeristeninformatie

playa

strand

tarjeta de crédito

kredietkaart

desayuno

ontbijt

almuerzo

lunch

cena

avondeten

billete

ticket

ascensor

lift

sello

postzegel

frontera

grens

aduana

douane

embajada

ambassade

visa

visum

pasaporte

paspoort

transporte
transport

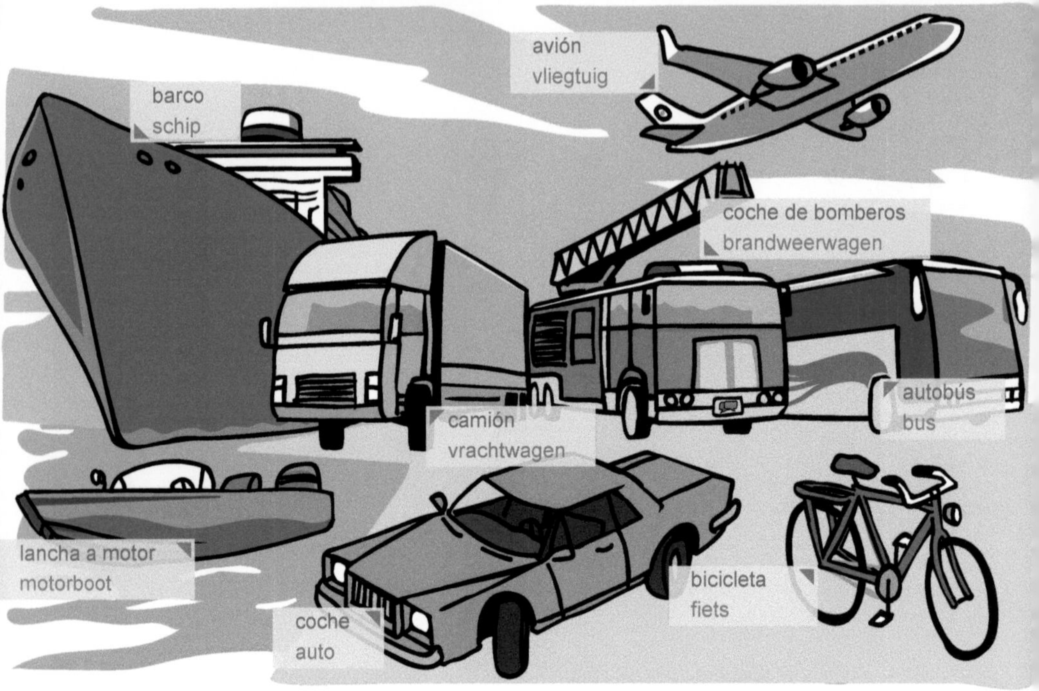
avión
vliegtuig
barco
schip
coche de bomberos
brandweerwagen
autobús
bus
camión
vrachtwagen
lancha a motor
motorboot
bicicleta
fiets
coche
auto

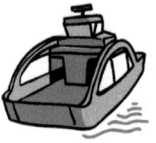

transbordador

veerboot

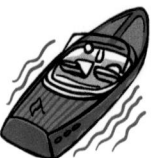

barca

boot

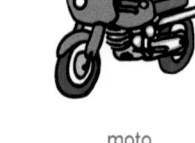

moto

motor

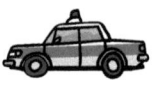

coche de policía

politiewagen

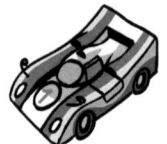

coche de carreras

racewagen

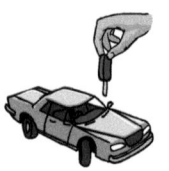

coche de alquiler

huurauto

préstamo de vehículos

carpoolen

grúa

sleepwagen

camión de la basura

vuilniswagen

motor

motor

gasolina

benzine

gasolinera

benzinestation

señal de tráfico

verkeersbord

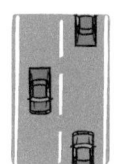

tráfico

verkeer

atasco

file

aparcamiento

parkeerplaats

estación de tren

station

vías

sporen

tren

trein

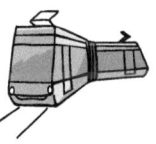

tranvía

tram

vagón

wagon

helicóptero

helikopter

aeropuerto

luchthaven

torre

toren

pasajero

passagier

contenedor

container

caja de cartón

karton

carretilla

kar

cesta

mand

despegar / aterrizar

opstijgen / landen

ciudad

stad

pueblo

dorp

centro de ciudad

stadscentrum

casa

huis

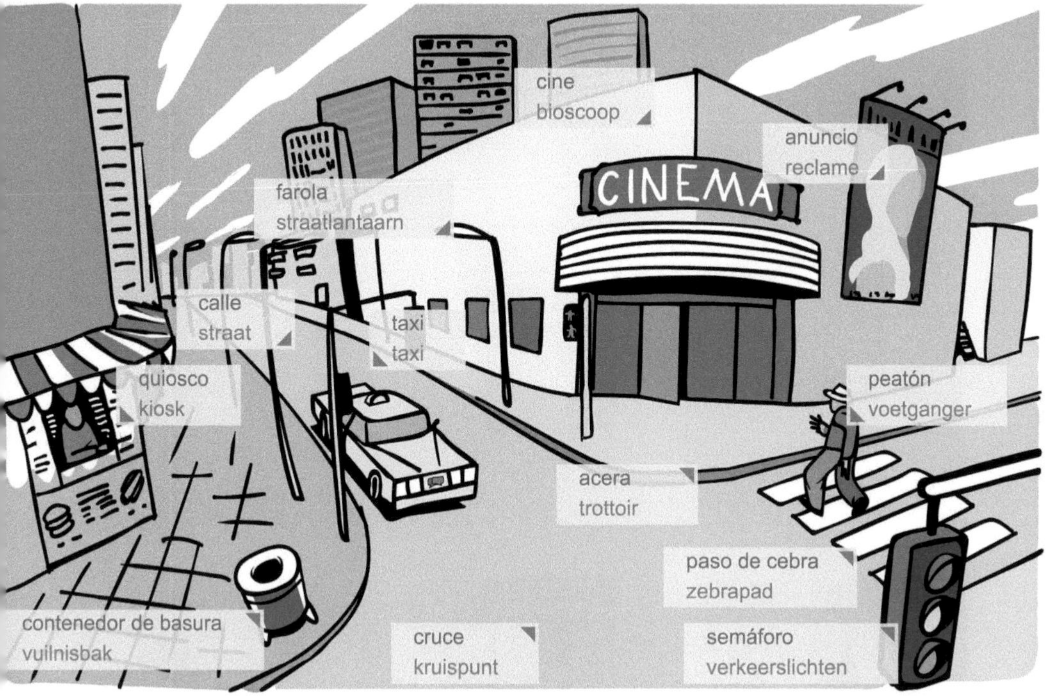

CINEMA
cine
bioscoop
anuncio
reclame
farola
straatlantaarn
calle
straat
taxi
taxi
quiosco
kiosk
peatón
voetganger
acera
trottoir
paso de cebra
zebrapad
contenedor de basura
vuilnisbak
cruce
kruispunt
semáforo
verkeerslichten

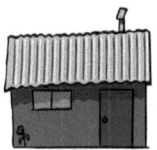

cabaña

hut

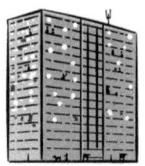

apartamento

woning

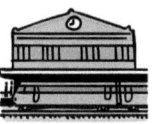

estación de tren

station

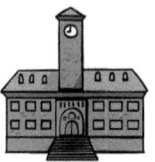

ayuntamiento

stadshuis

MUSEUM

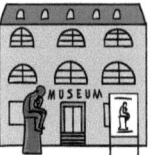

museo

museum

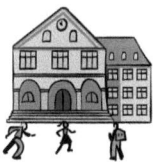

escuela

school

universidad

universiteit

banco

bank

hospital

ziekenhuis

hotel

hotel

farmacia

apotheek

oficina

kantoor

librería

boekwinkel

tienda

winkel

floristería

bloemenwinkel

supermercado

supermarkt

mercado

markt

grandes almacenes

warenhuis

pescadería

vishandelaar

centro comercial

winkelcentrum

puerto

haven

parque

park

banco

bank

puente

brug

escaleras

trap

metro

metro

túnel

tunnel

parada de autobús

bushalte

bar

bar

restaurante

restaurant

buzón

brievenbus

poste indicador

straatnaambord

parquímetro

parkeermeter

zoo

zoo

piscina

zwembad

mezquita

moskee

granja

boerderij

contaminación

milieuverontreiniging

cementerio

kerkhof

iglesia

kerk

patio de juego

speelplaats

templo

tempel

paisaje
landschap

hoja
blad

señal
wegwijzer

camino
weg

prado
weide

piedra
steen

árbol
boom

excursionista
wandelaar

río
rivier

hierba
gras

flor
bloem

valle
vallei

colina
heuvel

lago
meer

bosque
bos

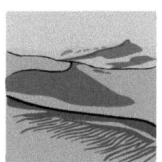

desierto
woestijn

volcán
vulkaan

castillo
kasteel

arcoíris
regenboog

champiñón
paddenstoel

palmera
palmboom

mosquito
mug

mosca
vlieg

hormiga
mier

abeja
bijl

araña
spin

escarabajo
kever

rana
kikker

ardilla
eekhoorn

erizo
egel

liebre
haas

lechuza
uil

pájaro
vogel

cisne
zwaan

jabalí
wild zwijn

ciervo
hert

alce
eland

presa
dam

turbina eólica
windturbine

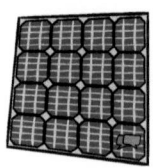

panel solar
zonnepaneel

clima
klimaat

restaurante
restaurant

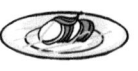

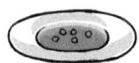

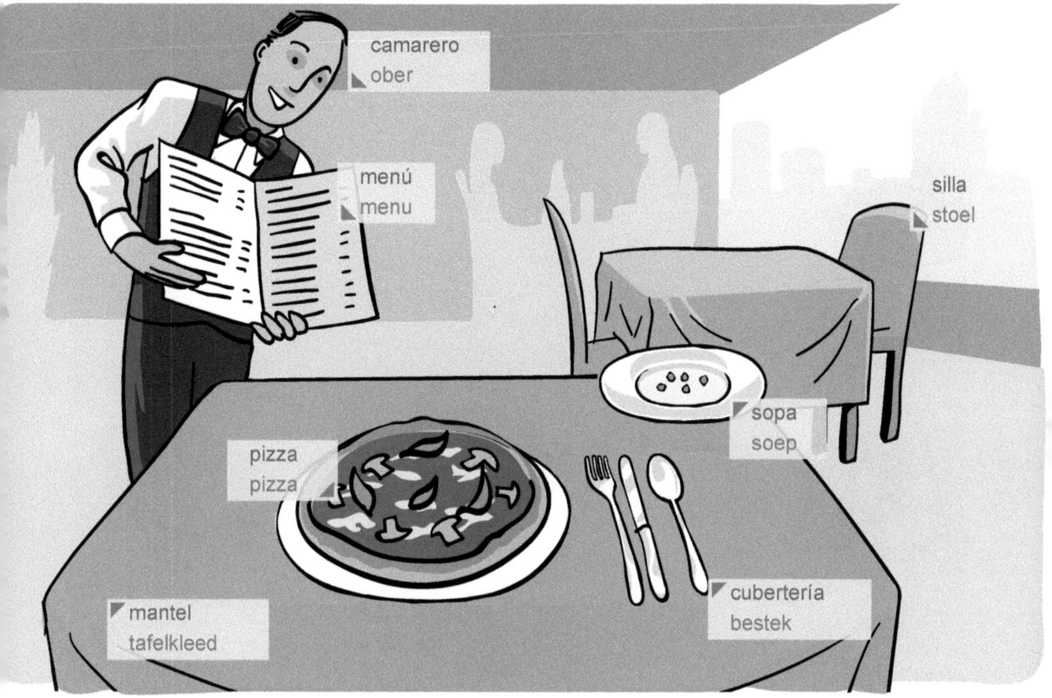
camarero
ober
menú
menu
silla
stoel
sopa
soep
pizza
pizza
mantel
tafelkleed
cubertería
bestek

primer plato
voorgerecht

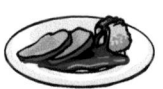

plato principal
hoofdgerecht

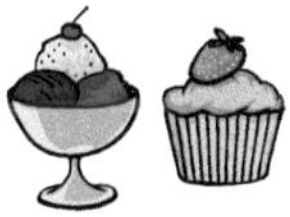

postre
nagerecht

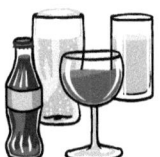

bebidas
drankjes

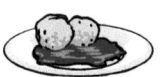

comida
eten

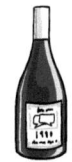

botella
fles

comida rápida
fastfood

comida callejera
street food

tetera
theepot

azucarero
suikerpot

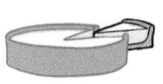

porción
portie

cafetera expreso
espressomachine

trona
kinderstoel

cuenta
rekening

bandeja
dienblad

cuchillo
mes

tenedor
vork

cuchara
lepel

cucharilla
theelepel

servilleta
serviette

vaso
glas

restaurante - restaurant

plato

bord

plato hondo

soepbord

platillo

schoteltje

salsa

saus

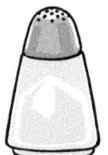

salero

zoutvatje

molinillo de pimienta

pepermolen

vinagre

azijn

aceite

olie

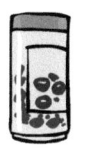

especias

kruiden

ketchup

ketchup

mostaza

mosterd

mayonesa

mayonaise

supermercado
supermarkt

oferta especial
aanbieding
FOR
cliente
klant
lácteos
zuivelproducten
fruta
fruit
carro de la compra
winkelwagen

BUTCHERS

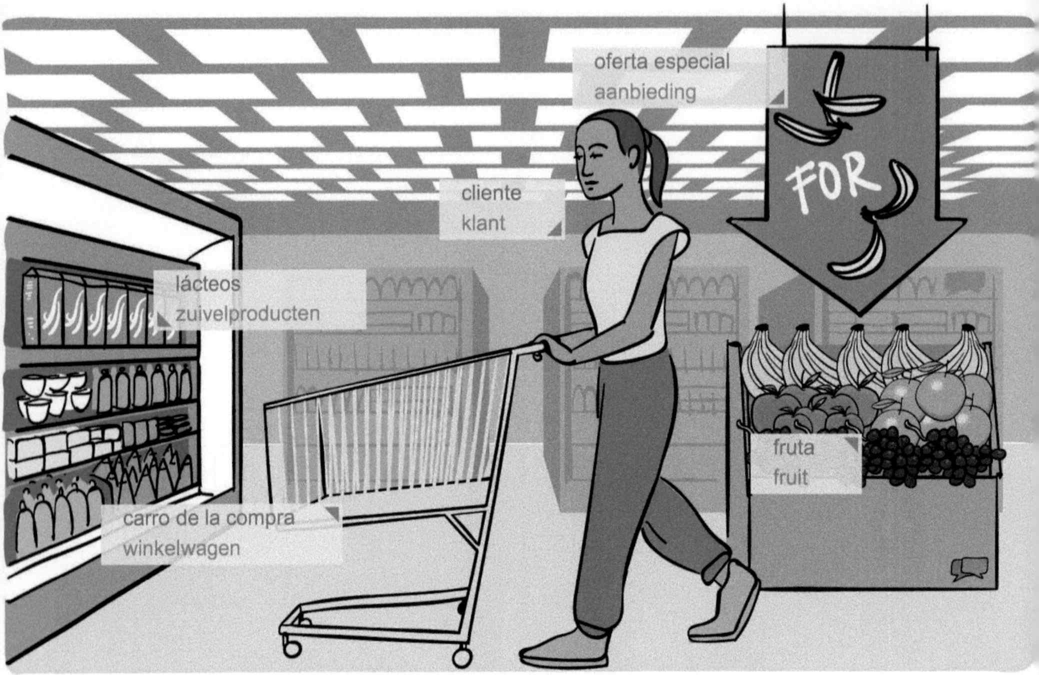

carnicería

slagerij

BAKERY

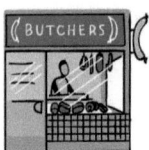

panadería

bakkerij

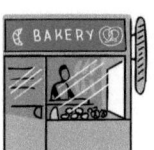

pesar

wegen

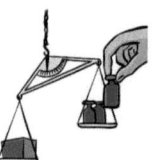

verduras

groenten

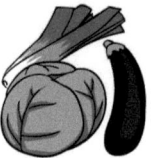

carne

vlees

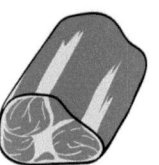

alimentos congelados

diepvriesvoedsel

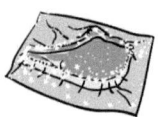

fiambres
charcuterie

conservas
conserven

detergente en polvo
waspoeder

dulces
snoep

productos de uso doméstico
huishoudproducten

productos de limpieza
schoonmaakproducten

vendedora
verkoopster

caja
kassa

cajero
kassier

lista de la compra
boodschappenlijstje

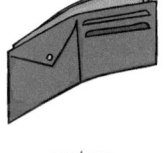

horario de atención al
público
openingstijden

cartera
portefeuille

tarjeta de crédito
kredietkaart

bolsa
tas

bolsa de plástico
plastieken zakje

agua

water

zumo

sap

leche

melk

cola

cola

vino

wijn

cerveza

bier

alcohol

alcohol

cacao

cacao

té

thee

café

koffie

expreso

espresso

capuchino

cappuccino

plátano

banaan

manzana

appel

naranja

sinaasappel

melón

meloen

limón

citroen

zanahoria

wortel

ajo

knoflook

bambú

bamboe

cebolla

ajuin

champiñón

champignon

avellanas

noten

fideos

noodles

espagueti

spaghetti

arroz

rijst

ensalada

salade

patatas fritas

frieten

patatas fritas

gebakken aardappelen

pizza

pizza

hamburguesa

hamburger

sándwich

sandwich

filete

kalfslapje

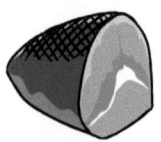

jamón

ham

salami

salami

salchicha

worst

pollo

kip

asado

braden

pescado

vis

copos de avena

havervlokken

muesli

muesli

copos de maíz

cornflakes

harina

bloem

cruasán

croissant

panecillo

pistolet

pan

brood

tostada

toast

galletas

koekjes

mantequilla

boter

cuajada

kwark

pastel

taart

huevo

ei

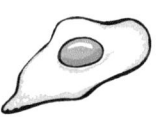

huevo frito

spiegelei

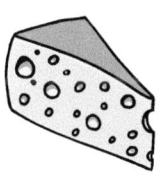

queso

kaas

helado

ijs

azúcar

suiker

miel

honing

mermelada

confituur

crema de turrón

choco

curry

curry

granja
boerderij

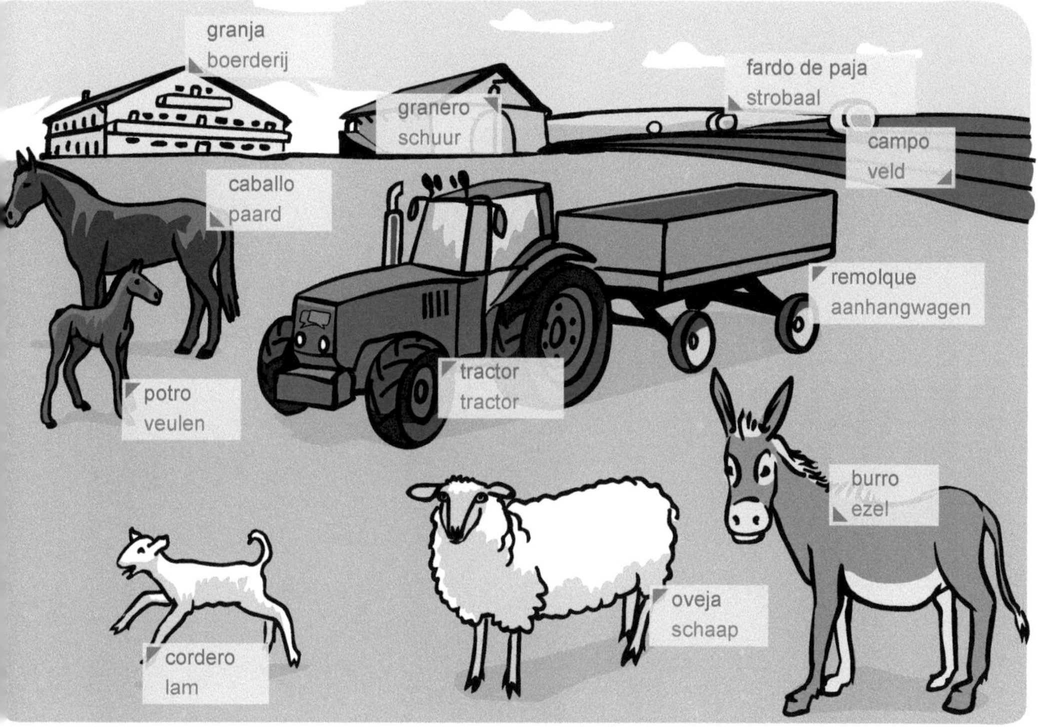
granja
boerderij
granero
schuur
fardo de paja
strobaal
campo
veld
caballo
paard
remolque
aanhangwagen
potro
veulen
tractor
tractor
burro
ezel
oveja
schaap
cordero
lam

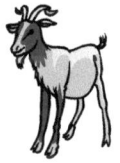

cabra

geit

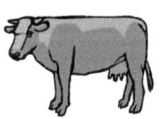

vaca

koe

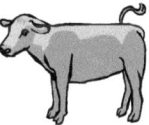

ternero

kalf

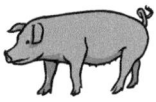

cerdo

varken

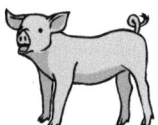

cerdito

biggetje

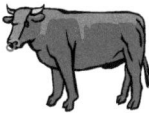

toro

stier

ganso
gans

pato
eend

pollo
kuiken

gallina
kip

gallo
haan

rata
rat

gato
kat

ratón
muis

buey
os

perro
hond

perrera
hondenhok

manguera
tuinslang

regadera
gieter

guadaña
zeis

arado
ploeg

hoz

sikkel

azada

schoffel

horca

hooivork

hacha

bijl

carretilla

kruiwagen

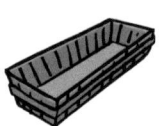

abrevadero

trog

lechera

melkkan

saco

zak

valla

hek

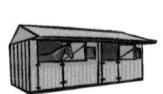

establo

stal

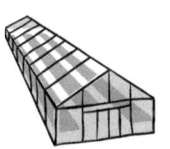

invernadero

broeikas

suelo

bodem

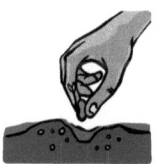

semilla

zaad

fertilizador

mest

cosechadora

maaidorser

cosechar

oogsten

cosecha

oogst

ñame

yam

trigo

tarwe

soja

soja

patata

aardappel

maíz

maïs

semilla de colza

koolzaad

árbol frutal

fruitboom

mandioca

maniok

cereales

graan

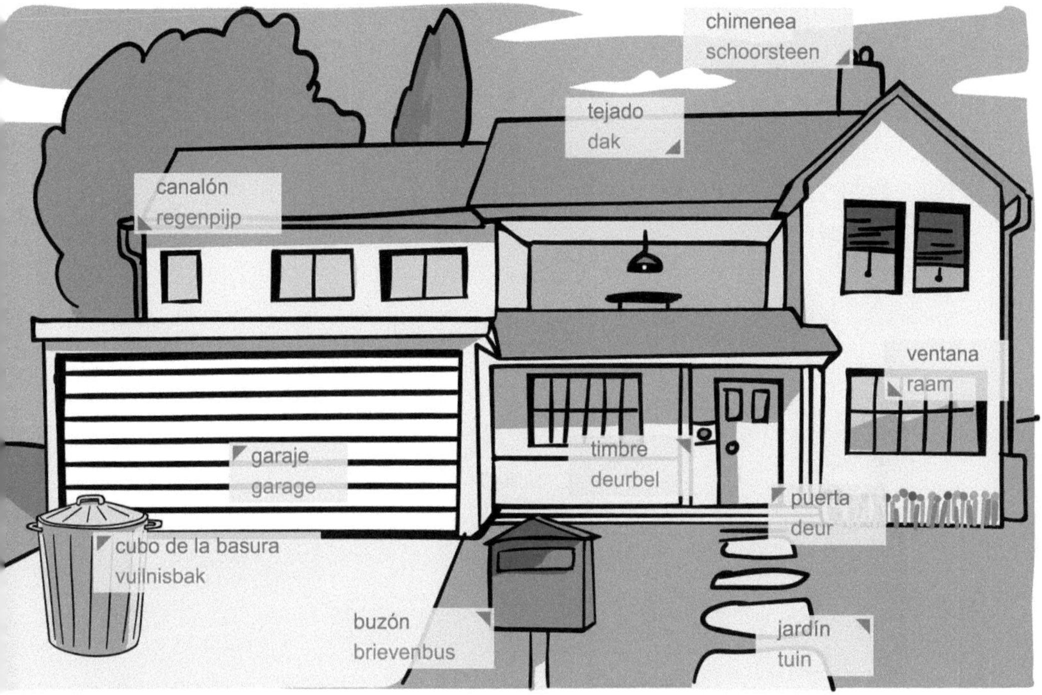

chimenea
schoorsteen

tejado
dak

canalón
regenpijp

ventana
raam

garaje
garage

timbre
deurbel

puerta
deur

cubo de la basura
vuilnisbak

buzón
brievenbus

jardín
tuin

sala

woonkamer

cuarto de baño

badkamer

cocina

keuken

dormitorio

slaapkamer

habitación de los niños

kinderkamer

comedor

eetkamer

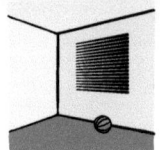

suelo

vloer

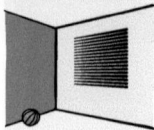

pared

muur

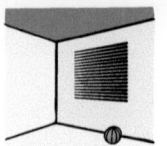

techo

plafond

sótano

kelder

sauna

sauna

balcón

balkon

terraza

terras

piscina

zwembad

cortacésped

grasmaaier

sábana

dekbedovertrek

colcha

dekbed

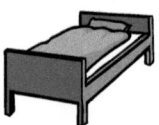

cama

bed

escoba

bezem

balde

emmer

interruptor

schakelaar

sala
woonkamer

papel pintado
behangpapier
imagen
foto
lámpara
lamp
estante
schap
armario
kast
televisión
televisie
chimenea
open haard
flor
bloem
cojín
kussen
sofá
sofa
jarrón
vaas
mando a distancia
afstandsbediening

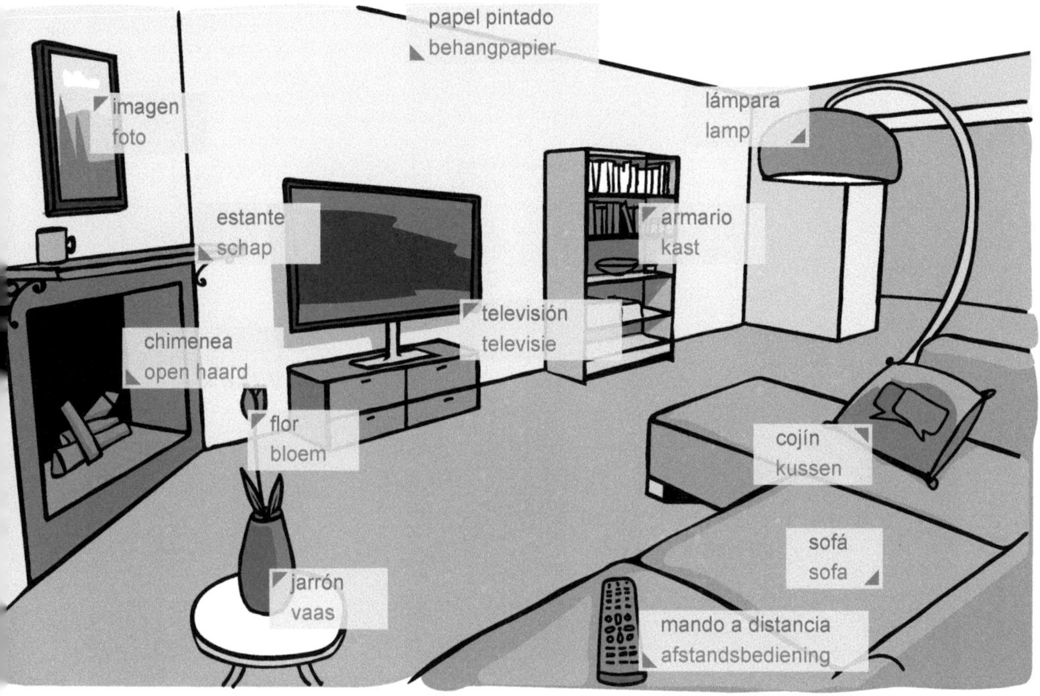

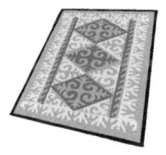

alfombra

mat

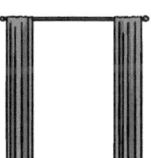

cortina

gordijn

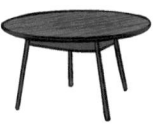

mesa

tafel

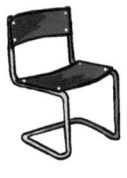

silla

stoel

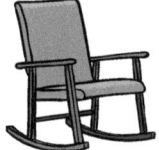

mecedora

schommelstoel

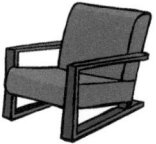

butaca

fauteuil

libro

boek

manta

deken

decoración

decoratie

leña

brandhout

película

film

equipo de música

stereo-installatie

llave

sleutel

periódico

krant

pintura

schilderij

póster

poster

radio

radio

cuaderno

notitieboekje

aspiradora

stofzuiger

cactus

cactus

vela

kaars

cocina
keuken

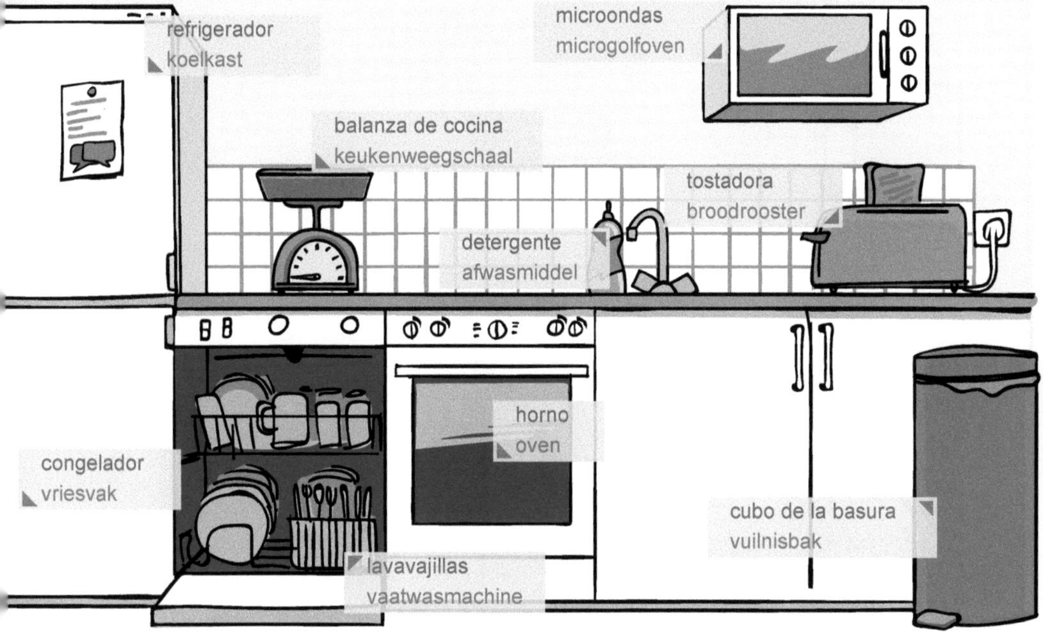

refrigerador
koelkast
microondas
microgolfoven
balanza de cocina
keukenweegschaal
tostadora
broodrooster
detergente
afwasmiddel
horno
oven
congelador
vriesvak
cubo de la basura
vuilnisbak
lavavajillas
vaatwasmachine

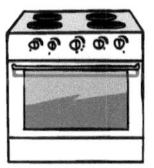

olla a presión
....
fornuis

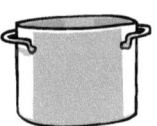

olla
....
pot

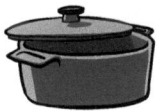

olla de hierro fundido
....
gietijzeren pot

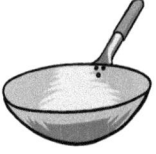

wok / karahi
....
wok / kadai

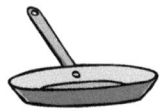

cazuela
....
pan

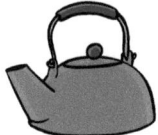

hervidor
....
waterkoker

vaporera

stoomkoker

chapa de horno

bakplaat

vajilla

servies

taza

mok

tazón

kom

palillos

eetstokjes

cucharón

pollepel

espumadera

spatel

batidor

garde

colador

vergiet

cedazo

zeef

rallador

rasp

mortero

mortier

barbacoa

barbecue

hoguera

haardvuur

tabla de picar

snijplank

rodillo

deegrol

sacacorchos

kurkentrekker

lata

blik

abrelatas

blikopener

agarrador

pannenlap

lavabo

gootsteen

cepillo

borstel

esponja

spons

batidora

blender

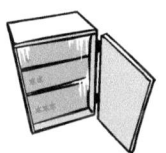

congelador

vriezer

biberón

papfles

grifo

kraan

cuarto de baño
badkamer

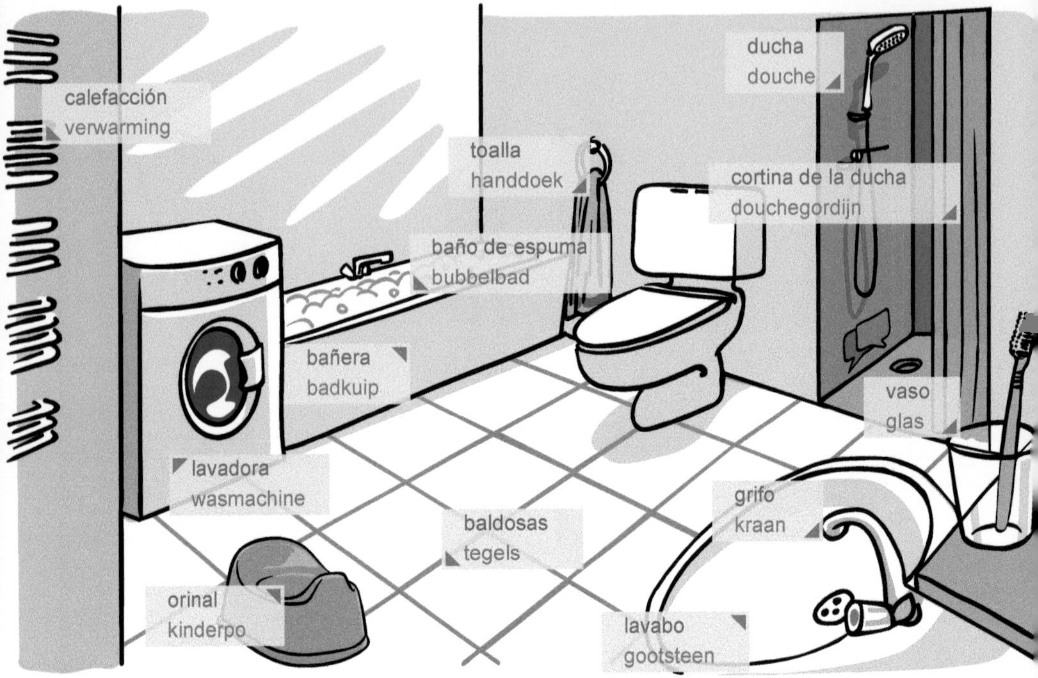
ducha
douche
calefacción
verwarming
toalla
handdoek
cortina de la ducha
douchegordijn
baño de espuma
bubbelbad
bañera
badkuip
vaso
glas
lavadora
wasmachine
grifo
kraan
baldosas
tegels
orinal
kinderpo
lavabo
gootsteen

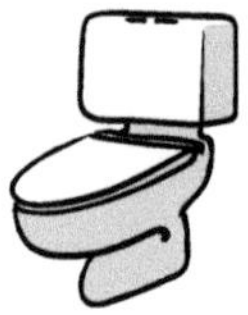

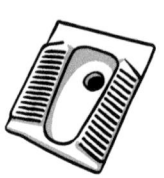

inodoro

toilet

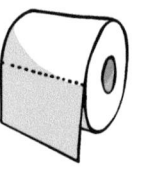

inodoro rústico

hurktoilet

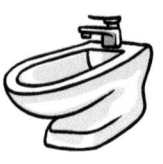

bidé

bidet

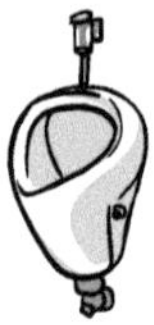

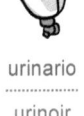

urinario

urinoir

papel higiénico

toiletpapier

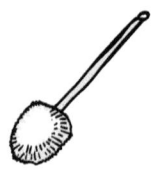

escobilla del váter

toiletborstel

cepillo de dientes

tandenborstel

pasta de dientes

tandpasta

hilo dental

flosdraad

lavar

wassen

ducha de mano

handdouche

ducha íntima

bidethanddouche

pila

waskom

cepillo de espalda

rugborstel

jabón

zeep

gel de ducha

douchegel

champú

shampoo

toallita

washandje

desagüe

afvoer

crema

crème

desodorante

deodorant

cuarto de baño - badkamer

espejo

spiegel

espejo de tocador

handspiegel

maquinilla de afeitar

scheermes

espuma de afeitar

scheerschuim

loción postafeitado

aftershave

peine

kam

cepillo

borstel

secador

haardroger

laca

haarlak

maquillaje

make-up

pintalabios

lippenstift

pintauñas

nagellak

algodón

watten

cortauñas

nagelknipper

perfume

parfum

estuche de viaje

toilettas

banqueta

kruk

balanza

weegschaal

albornoz

badjas

guantes de goma

latex handschoenen

tampón

tampon

compresa

maandverband

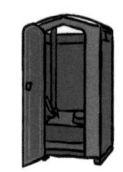

inodoro químico

chemisch toilet

habitación de los niños

kinderkamer

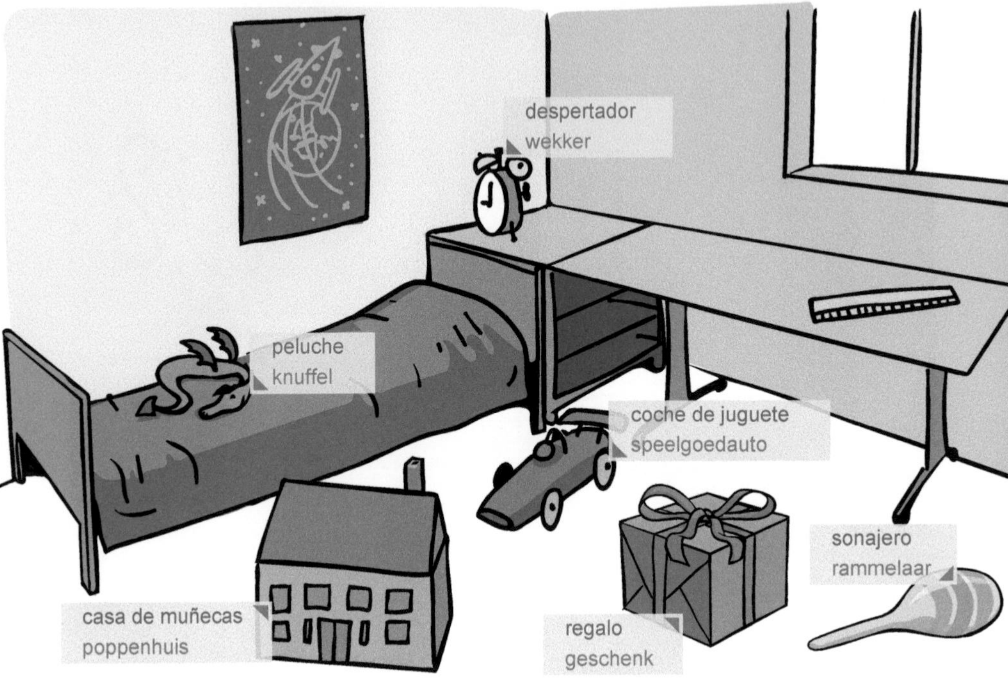
despertador
wekker
peluche
knuffel
coche de juguete
speelgoedauto
sonajero
rammelaar
casa de muñecas
poppenhuis
regalo
geschenk

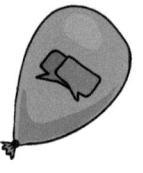

globo

ballon

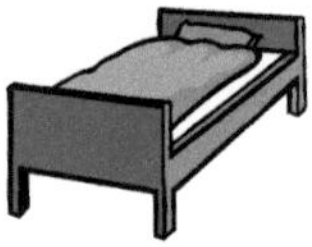

cama

bed

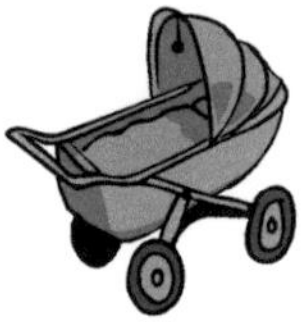

coche de niño

kinderwagen

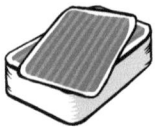

naipes

spel kaarten

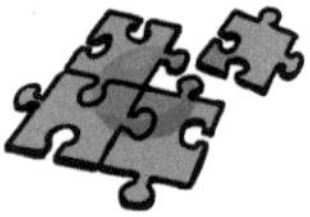

puzle

puzzel

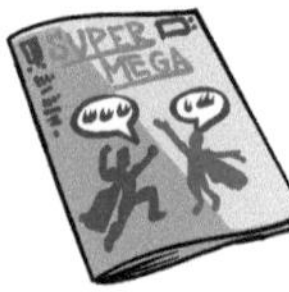
SUPER
MEGA

tebeo

stripboek

piezas de lego

legoblokjes

bloques de juguete

blokken

figura de acción

actiefiguur

bodi (de bebé)

kruippakje

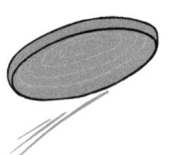

frisbee

frisbee

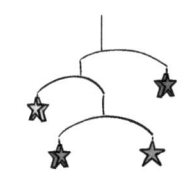

colgador móvil para bebés

mobiel

juego de mesa

bordspel

dados

dobbelsteen

circuito de tren eléctrico

modelspoorweg

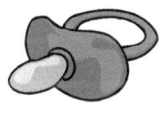

maniquí

fopspeen

fiesta

feest

álbum de fotos

prentenboek

pelota

bal

muñeca

pop

jugar

spelen

cajón de arena

zandbak

columpio

schommel

juguetes

speelgoed

videoconsola

spelconsole

triciclo

driewieler

oso de peluche

knuffelbeer

guardarropa

kleerkast

ropa
kleding

calcetines

sokken

medias

kousen

leotardos

maillot

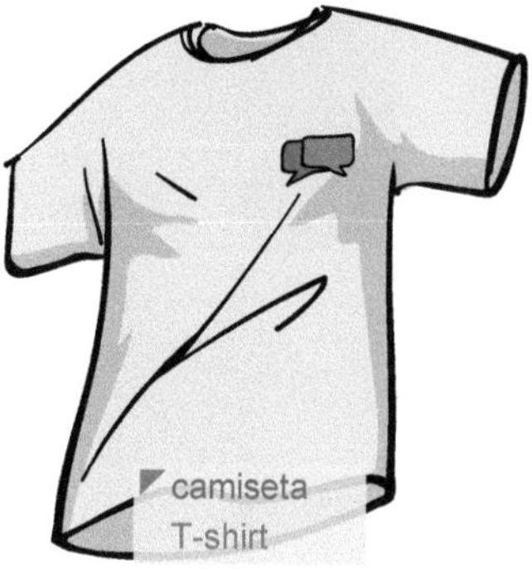

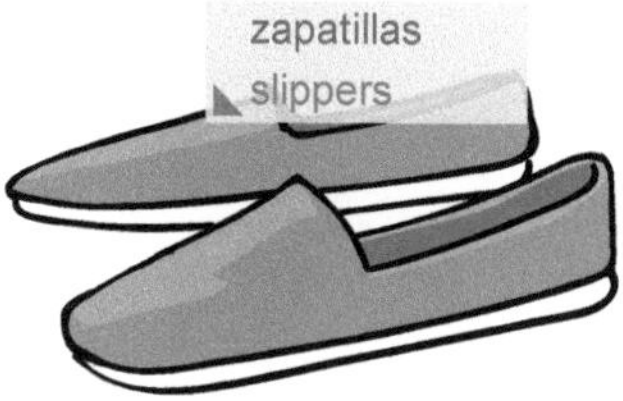

bufanda
sjaal

cinturón
riem

paraguas
paraplu

camiseta
T-shirt

botas
laarzen

zapatillas
slippers

deportivas
sneakers

sandalias
sandalen

zapatos
schoenen

botas de goma
rubberlaarzen

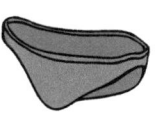

slip
onderbroek

sostén
beha

chaleco
onderhemd

bodi
lichaam

pantalones
broek

vaqueros
jeans

falda
rok

blusa
blouse

camisa
hemd

jersey
trui

suéter
capuchontrui

blazer
blazer

chaqueta
jas

abrigo
jas

gabardina
regenjas

traje
kostuum

vestido
jurk

vestido de novia
trouwjurk

traje

pak

camisón

nachthemd

pijama

pyjama

sari

sari

bandana

hoofddoek

turbante

tulband

burka

boerka

caftán

kaftan

abaya

abaya

traje de baño

badpak

bañador

zwembroek

pantalones cortos

short

chándal

trainingspak

delantal

schort

guantes

handschoenen

botón

knoop

gafas

bril

brazalete

armband

collar

ketting

anillo

ring

pendiente

oorbel

gorra

pet

percha

kapstok

sombrero

hoed

corbata

das

cremallera

rits

casco

helm

tirantes

bretellen

uniforme escolar

schooluniform

uniforme

uniform

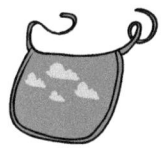

babero
slabbetje

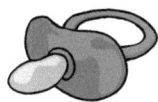

maniquí
fopspeen

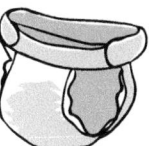

pañal
luier

oficina
kantoor

servidor
server
archivo
dossierkast
papel
papier
impresora
printer
monitor
monitor
ratón
muis
escritorio
bureau
carpeta
map
teclado
toestenbord
papelera
papiermand
ordenador
computer
silla
stoel

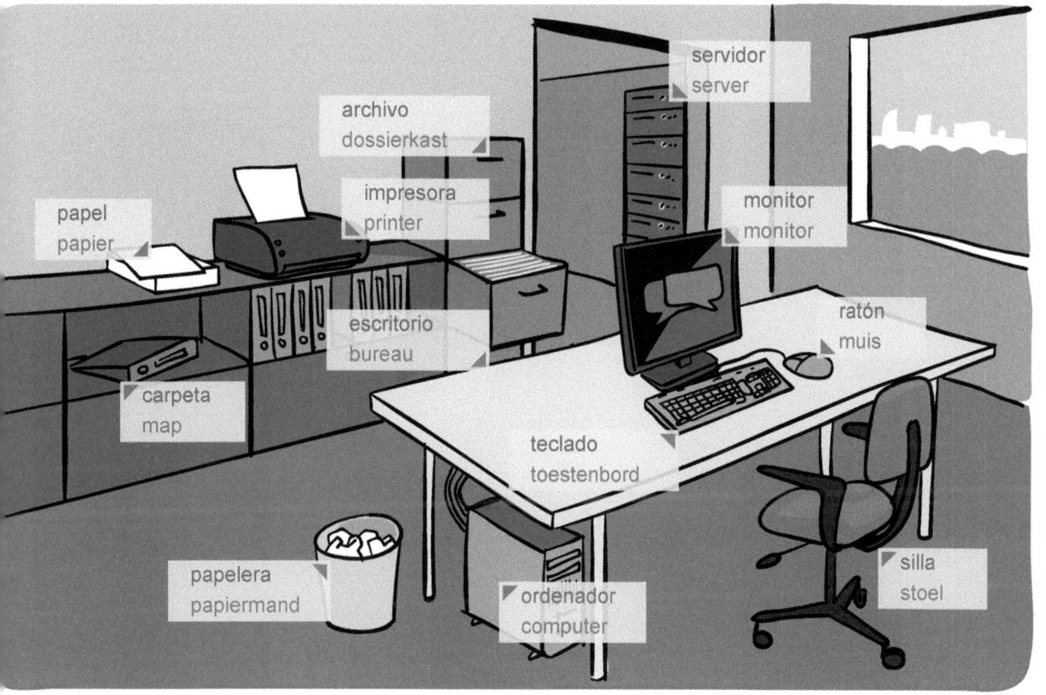

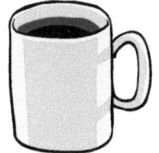

taza de café
koffiemok

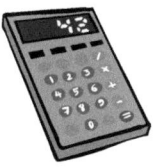

calculadora
rekenmachine

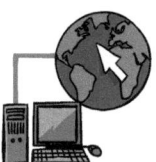

internet
internet

portátil

laptop

carta

brief

mensaje

bericht

móvil

gsm

red

netwerk

fotocopiadora

kopieerapparaat

software

software

teléfono

telefoon

toma de corriente

stopcontact

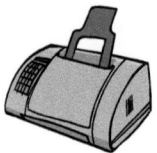

fax

fax

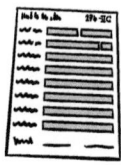

formulario

formulier

documento

document

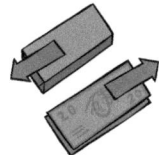

comprar
kopen

pagar
betalen

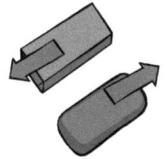

comerciar
handelen

dinero
geld

USD

dólar
dollar

EUR

euro
euro

JPY

yen
yen

RUB

rublo
roebel

CHF

franco suizo
Zwitserse frank

CNY

renminbi yuan
Chinese renminbi

INR

rupia
roepie

cajero automático
geldautomaat

oficina de cambio de divisas

wisselkantoor

oro

goud

plata

zilver

petróleo

olie

energía

energie

precio

prijs

contrato

contract

impuesto

belasting

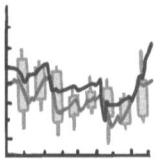

acción

aandeel

trabajar

werken

empleado

werknemer

empleador

werkgever

fábrica

fabriek

tienda

winkel

oficios
beroepen

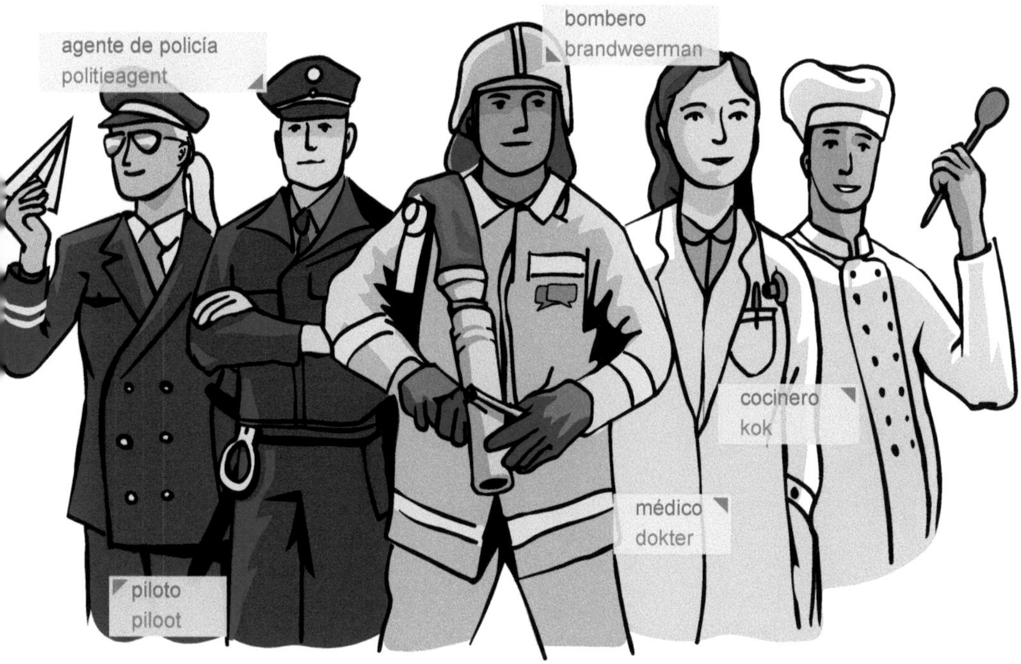
agente de policía
politieagent
bombero
brandweerman
cocinero
kok
médico
dokter
piloto
piloot

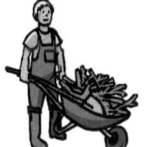

jardinero
tuinman

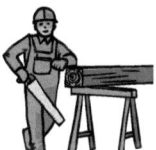

carpintero
timmerman

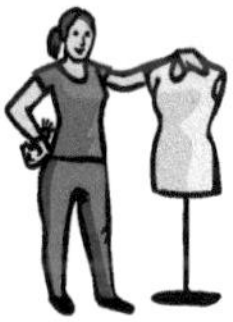
costurera
naaister

juez
rechter

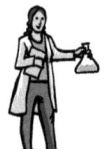

farmacéutico
chemicus

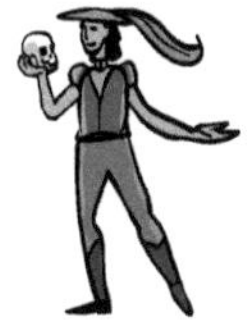
actor
acteur

conductor de autobús

buschauffeur

taxista

taxichauffeur

pescador

visser

señora de la limpieza

schoonmaakster

techador

dakdekker

camarero

ober

cazador

jager

pintor

schilder

panadero

bakker

electricista

elektricien

obrero

bouwvakker

ingeniero

ingenieur

carnicero

slager

fontanero

loodgieter

cartero

postbode

soldado

soldaat

arquitecto

architect

cajero

kassier

florista

bloemist

peluquero

kapper

revisor

conducteur

mecánico

mecanicien

capitán

kapitein

dentista

tandarts

científico

wetenschapper

rabino

rabbijn

imán

imam

monje

monnik

sacerdote

geestelijke

herramientas
werktuigen

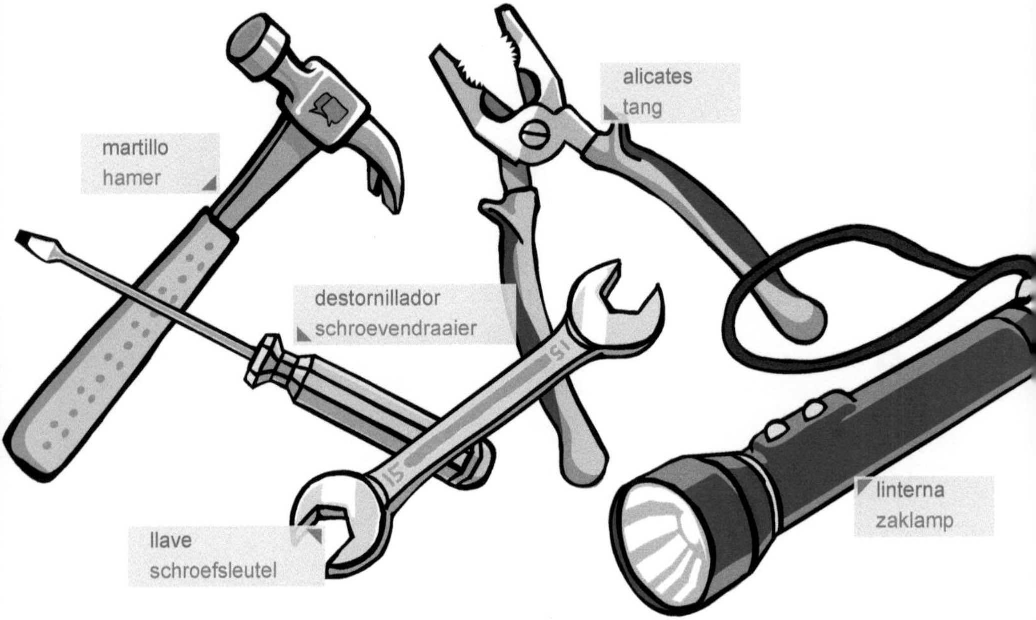
alicates
tang
martillo
hamer
destornillador
schroevendraaier
linterna
zaklamp
llave
schroefsleutel

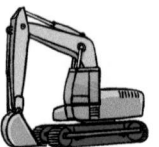

excavadora

graafmachine

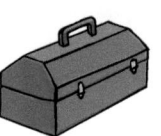

caja de herramientas

gereedschapskoffer

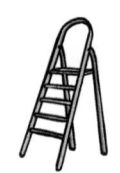

escalera de mano

ladder

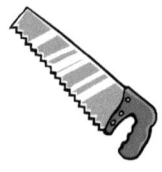

sierra

zaag

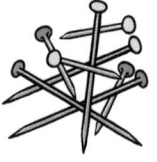

clavos

spijkers

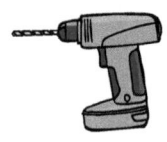

taladro

boormachine

reparar
....
repareren

pala
....
schop

¡Maldita sea!
....
Verdomme!

recogedor
....
blik

bote de pintura
....
verfpot

tornillos
....
schroeven

instrumentos musicales
muziekinstrumenten

altavoz
luidspreker

batería
drumstel

contrabajo
contrabas

trompeta
trompet

guitarra
gitaar

piano
piano

violín
viool

bajo
basgitaar

timbales
pauk

tambor
trommels

teclado
keyboard

saxofón
saxofoon

flauta
fluit

micrófono
microfoon

ZOO

ZOO

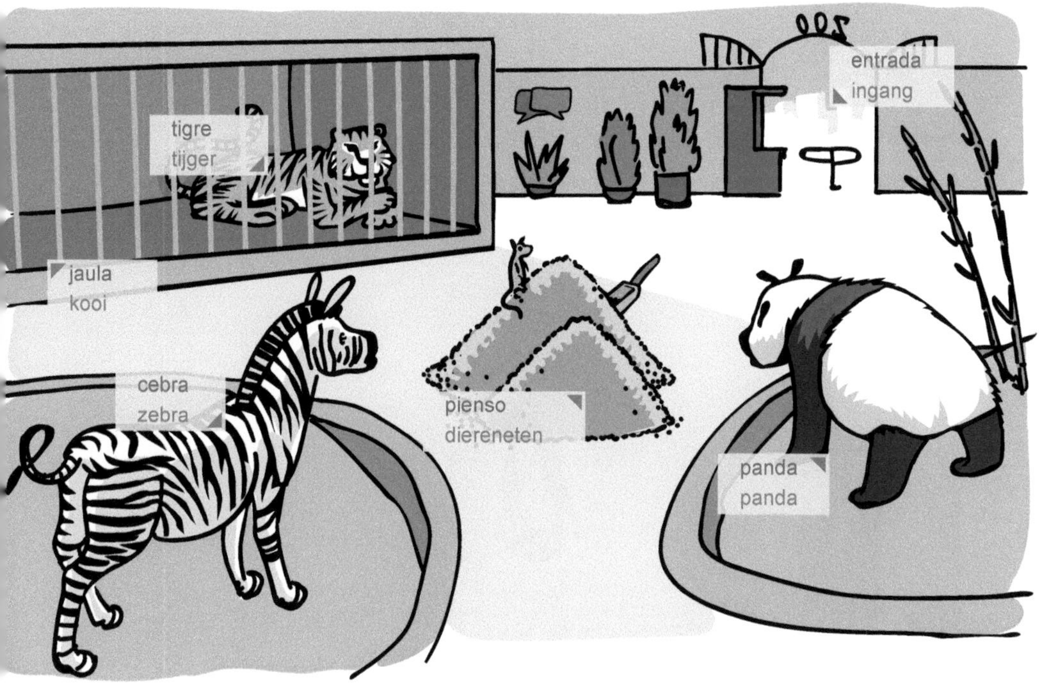

entrada
ingang
tigre
tijger
jaula
kooi
cebra
zebra
pienso
diereneten
panda
panda

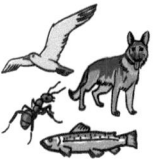

animales

dieren

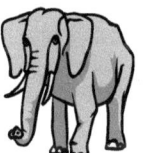

elefante

olifant

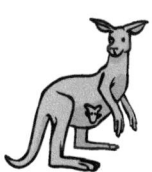

canguro

kangoeroe

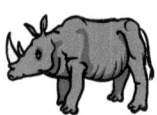

rinoceronte

neushoorn

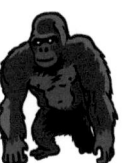

gorila

gorilla

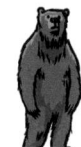

oso

beer

camello

kameel

avestruz

struisvogel

león

leeuw

mono

aap

flamingo

flamingo

loro

papegaai

oso polar

ijsbeer

pingüino

pinguïn

tiburón

haai

pavo real

pauw

serpiente

slang

cocodrilo

krokodil

guardián de zoológico

dierenverzorger

foca

zeehond

jaguar

jaguar

poni

pony

leopardo

luipaard

hipopótamo

nijlpaard

jirafa

giraffe

águila

adelaar

jabalí

wild zwijn

pescado

vis

tortuga

zeeschildpad

morsa

walrus

zorro

vos

gacela

gazelle

fútbol americano
rugby

ciclismo
wielrennen

tenis
tennis

baloncesto
basketbal

natación
zwemmen

boxeo
boksen

hockey sobre hielo
ijshockey

fútbol
voetbal

bádminton
badminton

atletismo
atletiek

balonmano
handbal

esquí
skiën

polo
polo

saltar
springen

reír
lachen

abrazar
knuffelen

cantar
zingen

caminar
wandelen

rezar
bidden

besar
kussen

soñar
dromen

escribir
schrijven

dibujar
tekenen

mostrar
tonen

empujar
duwen

dar
geven

tomar
nemen

tener

hebben

hacer

doen

ser

zijn

estar de pie

staan

correr

lopen

tirar

trekken

tirar

gooien

caer

vallen

yacer

liggen

esperar

wachten

llevar

dragen

estar sentado

zitten

vestirse

aankleden

dormir

slapen

despertar

ontwaken

mirar

kijken naar

llorar

wenen

acariciar

aaien

peinar

kammen

hablar

praten

entender

begrijpen

preguntar

vragen

escuchar

luisteren

beber

drinken

comer

eten

ordenar

opruimen

amar

houden van

cocinar

koken

conducir

rijden

volar

vliegen

navegar

zeilen

calcular

rekenen

leer

Lezen

aprender

leren

trabajar

werken

casarse

trouwen

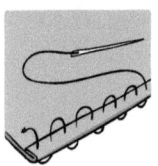

coser

naaien

cepillarse los dientes

tandenpoetsen

matar

doden

fumar

roken

enviar

sturen

abuela
grootmoeder

abuelo
grootvader

padre
vader

madre
moeder

bebé
baby

hija
dochter

hijo
zoon

invitado
gast

tía
tante

tío
oom

hermano
broer

hermana
zus

cuerpo
lichaam

frente
voorhoofd
ojo
oog
hombro
schouder
dedo
vinger
cara
gezicht
barbilla
kin
mano
hand
pierna
been
pecho
borst
brazo
arm

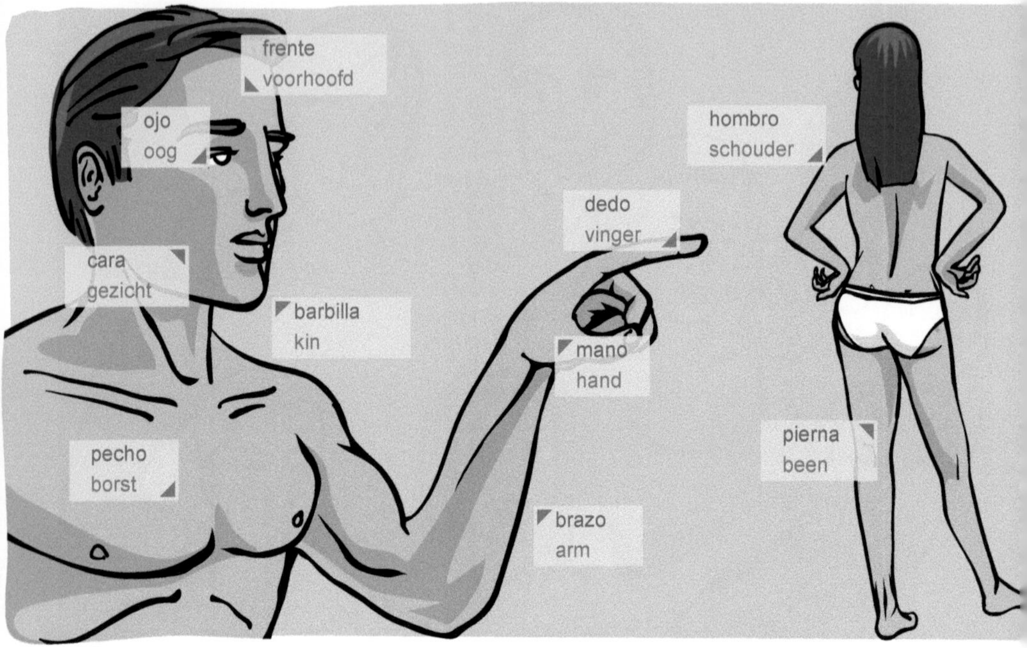

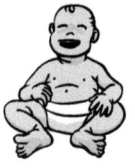

bebé

baby

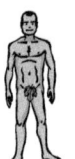

hombre

man

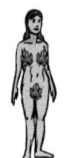

mujer

vrouw

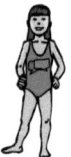

chica

meisje

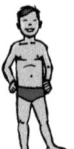

chico

jongen

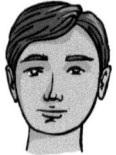

cabeza

hoofd

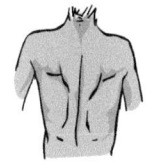

espalda

rug

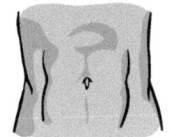

vientre

buik

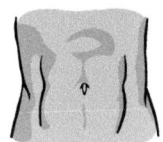

ombligo

navel

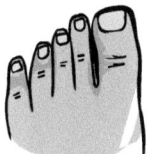

dedo del pie

teen

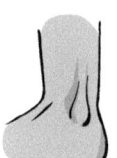

talón

hiel

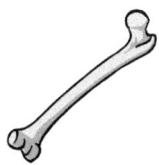

hueso

bot

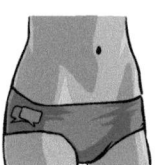

cadera

heup

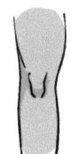

rodilla

knie

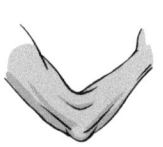

codo

elleboog

nariz

neus

trasero

zitvlak

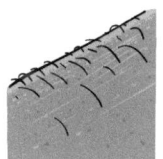

piel

huid

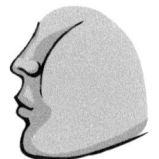

mejilla

wang

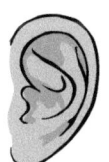

oído

oor

labio

lip

boca

mond

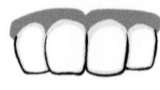

diente

tand

lengua

tong

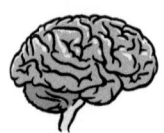

cerebro

hersenen

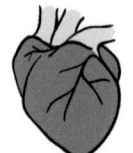

corazón

hart

músculo

spier

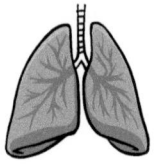

pulmón

long

hígado

lever

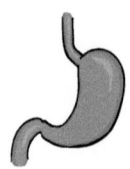

estómago

maag

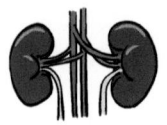

riñones

nieren

sexo

seks

condón

condoom

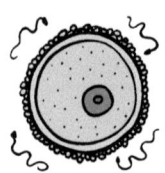

ovario

eicel

semen

sperma

embarazo

zwangerschap

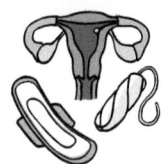

menstruación

menstruatie

vagina

vagina

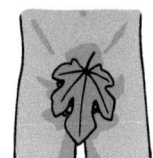

pene

penis

ceja

wenkbrauw

pelo

haar

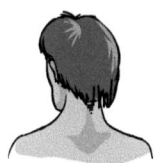

cuello

nek

hospital
ziekenhuis

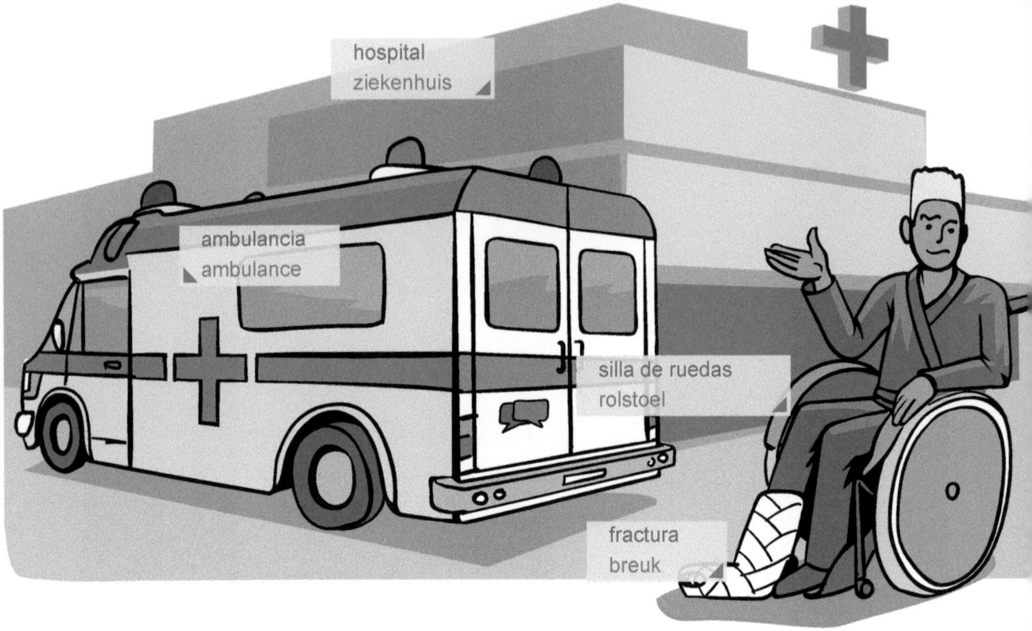

hospital
ziekenhuis
ambulancia
ambulance
silla de ruedas
rolstoel
fractura
breuk

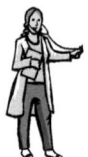

médico

dokter

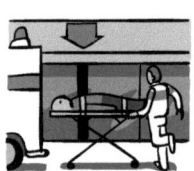

sala de urgencias

spoed

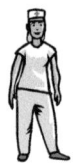

enfermera

verpleegkundige

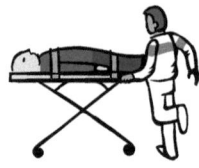

urgencia

noodgeval

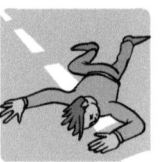

inconsciente

bewusteloos

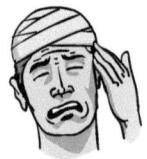

dolor

pijn

lesión

verwonding

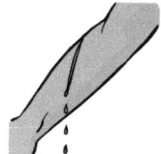

hemorragia

bloeding

infarto

hartaanval

ictus

beroerte

alergia

allergie

tos

hoest

fiebre

koorts

gripe

griep

diarrea

diarree

dolor de cabeza

hoofdpijn

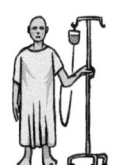

cáncer

kanker

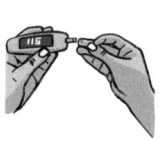

diabetes

diabetes

cirujano

chirurg

bisturí

scalpel

operación

operatie

TAC

CT

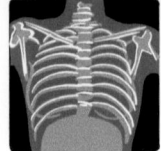

rayos x

röntgenstraal

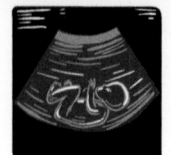

ultrasonido

ultrageluid

mascarilla

gezichtsmasker

enfermedad

ziekte

sala de espera

wachtkamer

muleta

kruk

tirita

pleister

venda

verband

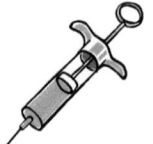

inyección

injectie

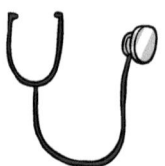

estetoscopio

stethoscoop

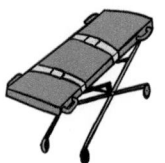

camilla

brancard

termómetro

thermometer

nacimiento

geboorte

sobrepeso

overgewicht

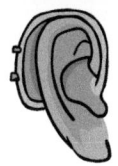

audífono

hoorapparaat

desinfectante

ontsmettingsmiddel

infección

infectie

virus

virus

VIH / SIDA

HIV / AIDS

medicina

medicijn

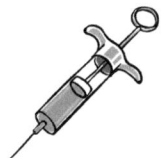

vacunación

vaccinatie

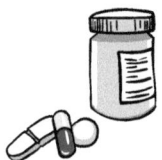

tabletas

tabletten

pastilla

pil

llamada de urgencia

noodoproep

tensiómetro

bloeddrukmeter

enfermo / sano

ziek / gezond

¡Socorro!
Help!

alarma
alarm

asalto
overval

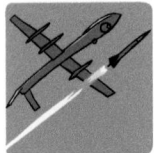

ataque
aanval

peligro
gevaar

salida de emergencia
nooduitgang

¡Fuego!
Brand!

extintor de incendios
brandblusser

accidente
ongeval

botiquín de primeros
auxilios
EHBO-kit

SOS
SOS

policía
politie

Europa

Europa

Norteamérica

Noord-Amerika

Sudamérica

Zuid-Amerika

África

Afrika

Asia

Azië

Australia

Australië

Atlántico

Atlantische Oceaan

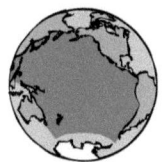

Pacífico

Stille Oceaan

Océano Índico

Indische Oceaan

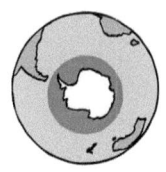

Océano Antártico

Antarctische Oceaan

Océano Ártico

Arctische Oceaan

polo norte

Noordpool

polo sur

Zuidpool

Antártida

Antarctica

tierra

aarde

tierra

land

mar

zee

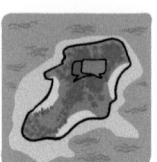

isla

eiland

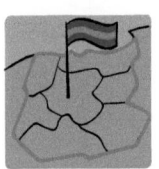

nación

natie

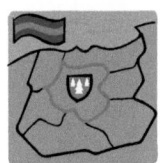

estado

staat

esfera

wijzerplaat

manecilla de las horas

uurwijzer

minutero

minuutwijzer

segundero

secondewijzer

¿Qué hora es?

Hoe laat is het?

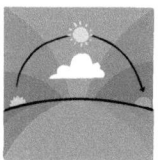

día

dag

tiempo

tijd

ahora

nu

reloj digital

digitale horloge

minuto

minuut

hora

uur

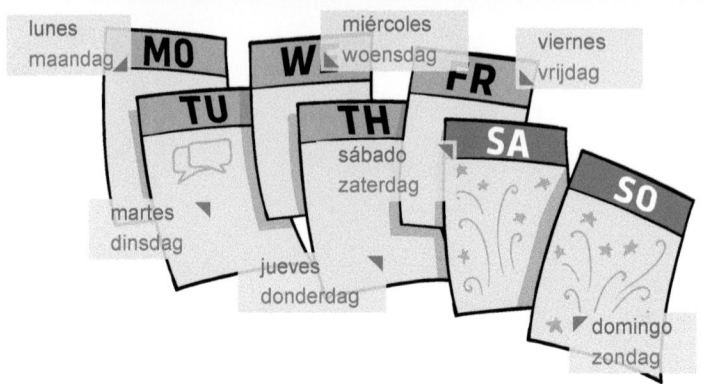

lunes
maandag

miércoles
woensdag

viernes
vrijdag

sábado
zaterdag

martes
dinsdag

jueves
donderdag

domingo
zondag

ayer

gisteren

hoy

vandaag

mañana

morgen

mañana

ochtend

mediodía

middag

tarde

avond

MO	TU	WE	TH	FR	SA	SU
1	2	3	4	5	6	7
8	9	10	11	12	13	14
15	16	17	18	19	20	21
22	23	24	25	26	27	28
29	30	31	1	2	3	4

días laborables

werkdagen

MO	TU	WE	TH	FR	SA	SU
1	2	3	4	5	6	7
8	9	10	11	12	13	14
15	16	17	18	19	20	21
22	23	24	25	26	27	28
29	30	31	1	2	3	4

fin de semana

weekend

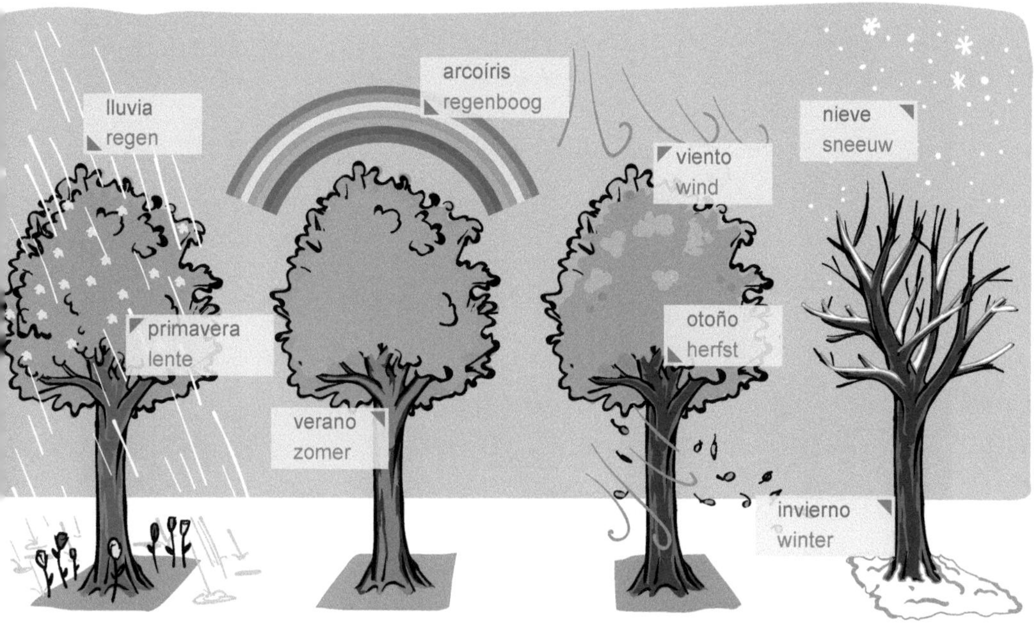

lluvia
regen

arcoíris
regenboog

viento
wind

nieve
sneeuw

primavera
lente

otoño
herfst

verano
zomer

invierno
winter

4.APRIL	11°	☀
5.APRIL	4°	☁
6.APRIL	13°	⛅
7.APRIL	8°	☀
8.APRIL	10°	☀

pronóstico del tiempo
....
weervoorspelling

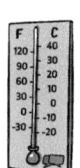

termómetro
....
thermometer

sol
....
zonneschijn

nube
....
wolk

niebla
....
mist

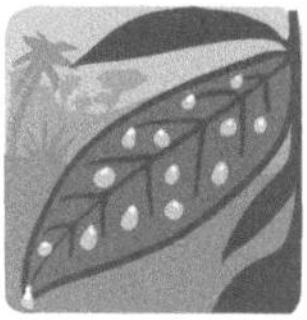

humedad
....
vochtigheid

rayo

bliksem

trueno

donder

tormenta

storm

granizo

hagel

monzón

moesson

inundación

overstroming

hielo

ijs

enero

januari

febrero

februari

marzo

maart

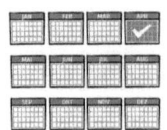

abril

april

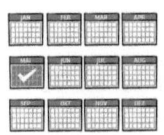

mayo

mei

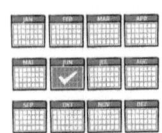

junio

juni

julio

juli

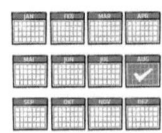

agosto

augustus

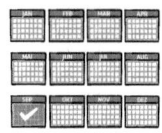

septiembre

september

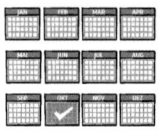

octubre

oktober

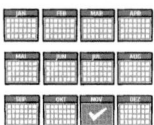

noviembre

november

diciembre

december

formas
vormen

círculo

cirkel

cuadrado

kwadraat

rectángulo

rechthoek

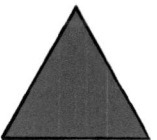

triángulo

driehoek

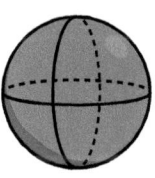

esfera

bol

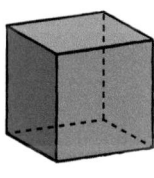

cubo

kubus

blanco
....
wit

amarillo
....
geel

anaranjado
....
oranje

rosa
....
roze

rojo
....
rood

morado
....
paars

azul
....
blauw

verde
....
groen

marrón
....
bruin

gris
....
grijs

negro
....
zwart

mucho / poco

veel / weinig

enojado / tranquilo

boos / kalm

bonito / feo

mooi / lelijk

principio / fin

begin / einde

grande / pequeño

groot / klein

claro / oscuro

licht / donker

hermano / hermana

broer / zus

limpio / sucio

proper / vuil

completo / incompleto

volledig / onvolledig

día / noche

dag / nacht

muerto / vivo

dood / levend

ancho / estrecho

breed / smal

comestible / no comestible
....
eetbaar / oneetbaar

malo / amable
....
kwaadaardig / vriendelijk

entusiasmado / aburrido
....
opgewonden / verveeld

gordo / delgado
....
dik / dun

primero / último
....
eerst / laatst

amigo / enemigo
....
vriend / vijand

lleno / vacío
....
vol / leeg

duro / blando
....
hard / zacht

pesado / ligero
....
zwaar / licht

hambre / sed
....
honger / dorst

enfermo / sano
....
ziek / gezond

ilegal / legal
....
illegaal / legaal

inteligente / tonto
....
intelligent / dom

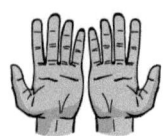

izquierda / derecha
....
links / rechts

cerca / lejos
....
dichtbij / veraf

nuevo / usado

nieuw / gebruikt

nada / algo

niets / iets

viejo / joven

oud / jong

encendido / apagado

aan / uit

abierto / cerrado

open / dicht

silencioso / ruidoso

stil / luid

rico / pobre

rijk / arm

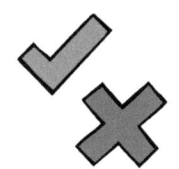

correcto / incorrecto

juist / fout

áspero / suave

ruw / glad

triste / contento

droevig / blij

corto / largo

kort / lang

lento / rápido

traag / snel

húmedo / seco

nat / droog

cálido / frío

warm / koud

guerra / paz

oorlog / vrede

0	**1**	**2**
cero	uno	dos
nul	één	twee

3	**4**	**5**
tres	cuatro	cinco
drie	vier	vijf

6	**7**	**8**
seis	siete	ocho
zes	zeven	acht

9	**10**	**11**
nueve	diez	once
negen	tien	elf

12
doce

twaalf

13
trece

dertien

14
catorce

veertien

15
quince

vijftien

16
dieciséis

zestien

17
diecisiete

zeventien

18
dieciocho

achtien

19
diecinueve

negentien

20
veinte

twintig

100
cien

honderd

1.000
mil

duizend

1.000.000
millón

miljoen

inglés
....
Engels

inglés americano
....
Amerikaans Engels

chino mandarín
....
Chinees (Mandarijn)

hindi
....
Hindi

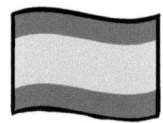

español
....
Spaans

francés
....
Frans

árabe
....
Arabisch

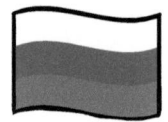

ruso
....
Russisch

portugués
....
Portugees

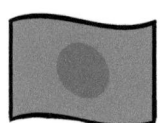

bengalí
....
Bengali

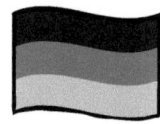

alemán
....
Duits

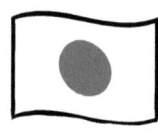

japonés
....
Japans

yo

ik

tú

u

él / ella / ello

hij / zij / het

nosotros/as

wij

vosotros/as

u

ellos/as

ze

¿quién?

wie?

¿qué?

wat?

¿cómo?

hoe?

¿dónde?

waar?

¿cuándo?

wanneer?

nombre

naam

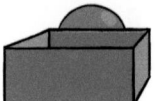

detrás

achter

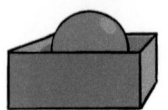

en

in

delante de

voor

por encima de

boven

sobre

op

debajo de

onder

junto a

naast

entre

tussen

lugar

plaats